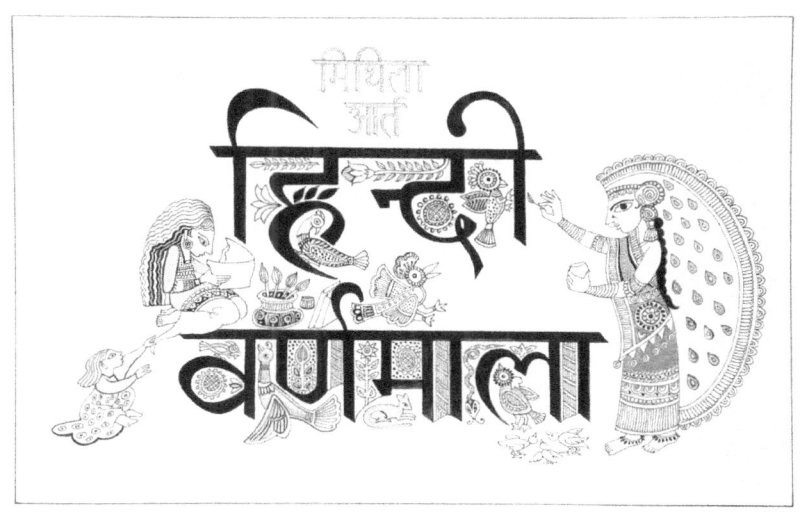

Regard
sur l'alphabet devanagari

Mithila Dream

Martine Le Coz

Ethnic Arts Foundation Press

Mithila Dream
Impression et publication : Ethnic Arts Foundation, 2014

Maquette et édition : Peter Zirnis
Alphabet hindi et traduction : Pranjali Sirasao

ISBN 978-0692322-41-3
Copyright © 2014 Ethnic Arts Foundation

David Szanton
Ethnic Arts Foundation Press
1417B Spruce Street,
Berkeley, California 94709
szanton@berkeley.edu

Martine Le Coz et L'Art du Mithila

Martine Le Coz est une romancière et une artiste française résidant à Amboise, au coeur de la France. A l'âge de vingt ans, alors qu'elle était étudiante à Tours, elle a découvert l'art du Mithila, très ancien royaume du nord-est de l'Inde, en bordure du Népal, dans l'actuel Etat du Bihar. C'était à la faveur d'une exposition organisée par Yves Véquaud, qui s'était donné pour mission de faire connaître cet art en France. L'art du Mithila entamait une profonde mutation à partir d'une forte tradition multiséculaire : les femmes qui peignaient depuis toujours sur les murs et le sol de leur maison commençaient à reporter sur le papier leurs tracés et leurs couleurs. Depuis toujours, cet art d'une puissante vitalité se transmettait de mère en fille de la manière la plus modeste. M. Le Coz ne l'a jamais oublié, ni les femmes qui le pratiquaient. Elle aspirait alors à devenir illustratrice. Leur ferveur inébranlable à travers tant de tribulations a aussi nourri la sienne.

Plus tard, une première approche de la pensée indienne lui a été permise par l'orientaliste André Padoux dont l'oeuvre majeure, *L'Energie de la Parole* (Ed. Le Soleil noir, Paris 1980), éclaire la cosmogonie de la Parole tantrique. Son désir de rencontrer les femmes indiennes a grandi. A Madhubani et dans les villages environnants, dans l'ancien royaume du Mithila, elle a rendu visite à plusieurs de ces artistes qui produisaient humblement des oeuvres stupéfiantes dans des styles différents, et qui l'acceptèrent dans leur univers. Le livre né de ces rencontres, *Mithilâ, l'honneur des femmes* (Ed. Michalon-L'Harmattan, Paris 2013), inclut leurs biographies, des portraits d'elles dans la fusion unique de leur style et du sien, et des photos de leurs partages.

A Madhubani, Martine Le Coz a découvert aussi l'Institut de l'Art du Mithila, créé en 2003 par la Fondation des Arts Ethniques alors que l'antique tradition tendait à disparaître. L'école présente un programme d'études exigeant qui vise à la fois à la maintenir dans sa profonde richesse, et à l'ouvrir sur le monde en soutenant la créativité de chacune des vingt-cinq étudiantes accueillies chaque année (95 % des élèves sont des jeunes filles issues de communautés différentes, dans un rayon de cinquante kilomètres). La transmission est assurée par les aînées, qui voient ainsi se développer sans bruit mais avec force l'expression des femmes, si longtemps confinée.

Convaincue de la nécessité d'aider l'Institut de l'Art du Mithila à perdurer dans son oeuvre, Martine Le Coz a décidé d'illustrer dans ce style même l'alphabet devanagari que son amie indienne à Tours, Mukech Bhati, lui a appris, et elle a fait don des 42 dessins de ses lettres à la Fondation des Arts Ethniques afin de soutenir le MAI dans sa mission. Le produit du livre qui les réunit lui est entièrement destiné pour contribuer à nourrir la vitalité de l'Art du Mithila.

Nous espérons que ce livre vous enchantera, et vous inspirera peut-être, car chaque image est une évocation du monde indien ... Et qu'il vous donnera même le goût d'apprendre l'une de ses langues.

David Szanton,
President
Ethnic Arts Foundation

Parmeshwar Jha,
President
Mithila Art Institute

Un Pont entre deux mondes

Un alphabet dessiné, des dessins qui sont des histoires, un livre qui ouvre une fenêtre sur la culture indienne - telle est le Mithila rêvé par Martine Le Coz. L'art brode sur le canevas de la langue, à la base de toutes les relations humaines, et développe à partir d'elle une constellation universelle. Illustrés dans le style du Mithila, les caractères hindi tracent un pont symbolique entre deux mondes différents à de multiples égards. L'amitié intuitive les a réunis dans cette étonnante collection qui reflète le partage de leurs expressions particulières en franchissant les frontières.

La peinture du Mithila était un art rituel pratiqué par les femmes sur les murs de leur maison dans l'Etat du Bihar, au Nord-Est de l'Inde. Sa découverte remonte au début des années 1930. Trois décennies plus tard, des périodes de sécheresse dévastatrices dans cette région rurale ont poussé les femmes peintres à franchir un pas d'une témérité jusqu'alors inconcevable.

Encouragées à transposer sur le papier ce qu'elles peignaient depuis toujours à même le mur, elles ont accepté le nouveau support qu'on leur offrait au début des années soixante pour proposer leurs réalisations à la vente. Il s'agissait de les aider à se procurer une autre source de revenus que celle des terres sinistrées - mais tout a changé. L'intention, pour cet art qui n'en portait pas encore le nom. Les matériaux. La manière. L'art du Mithila était éphémère, trace fugitive d'une relation vivante avec le divin : le dessin et la peinture se sont trouvés fixés et limités dans un cadre. Couleurs naturelles et brins de bambou étaient destinés à accompagner des célébrations spécifiques, des rites de passage, pour disparaître avec le fruit radieux de l'acte qui, seul, valait : soudain, un dispositif s'est mis en place pour que l'oeuvre résiste au temps et passe à la postérité. Les femmes peintres du Bihar sont sorties de l'anonymat. Elles ont quitté l'espace domestique pour traverser des ponts matériels, idéologiques et conceptuels et se sont émancipées, du moins partiellement, des cloisonnements structurés par des siècles de tradition communautaire. Elles s'exprimaient dans un cadre social restreint : elles ont pris leur essor sur le plan national et même international pour nombre d'entre elles, désormais reconnues pour le tour personnel, subtil, qu'elles savent donner à un héritage profondément enraciné dans l'histoire et la culture locales.

En intégrant les éléments de leur art particulier dans son propre tracé, Martine Le Coz traduit avec elles un sentiment d'unité. En commençant l'alphabet par l'*Ahimsa* (non-violence) avec l'image symbolique du Mahatma Gandhi pour aller vers les articles les plus simples, la fleur, le poisson, ou les grandes figures de la mythologie hindoue telles que *Varaha*, le sanglier, troisième incarnation de Vishnu, elle introduit adroitement le lecteur dans ce qui n'est pas seulement une suite de lettres décoratives mais une collection d'aspects distincts de la vie et de l'histoire indiennes. Avec ce livre, elle l'emmène dans un voyage qui relève aussi de sa propre expérience du "paysage" indien de Madhubani.

Les lignes vivantes, tracées avec soin d'après l'esthétique précise de l'art du Mithila, sont pourtant imprégnées de son esprit propre. Elles surgissent, s'élancent et créent un modèle dans une scène en deux dimensions où se dresse, héroïque, une lettre de l'alphabet. On trouve ainsi dans le livre beaucoup de motifs animaux ou floraux présents au Bihar ; ils servent au lecteur de guides à travers les mots et les phonèmes.

Lors de sa visite à Madhubani en 2012, Martine Le Coz a été frappée par la force et la hardiesse des dessins en noir et blanc, et en rouge et blanc, qu'elle a admirés chez plusieurs artistes. "Il y a là une franchise de l'expression, dit-elle, une honnêteté dans le geste sans retouche qui force le respect, parce que la confiance qui perce dans l'authenticité de leur tracé est l'essence même de la vie spirituelle". La rencontre de ces femmes peintres l'a engagée à mieux les comprendre. Elle a voulu apprendre à écrire leur nom en Devanagari : voici la première raison qui l'a conduite vers les lettres de l'alphabet. Quant à ce qui l'a déterminée à entreprendre le voyage jusqu'à elles, c'est bien la conscience de vivre en dessinant comme elles vivent, dans la même concentration, la même patience, et la même humilité conjuguée au désir aigu de l'expression juste.

L'art du Mithila vient de loin. Depuis quarante ans, il a du relever bien des défis et sa mutation s'accomplit selon des tendances multiples. Martine Le Coz inaugure avec lui un vocabulaire visuel : elle joint l'écriture au dessin dans une *Rêverie* qui met en évidence la poésie d'un style inventif à la vigueur toute contemporaine.

Lina Vincent Sunish
Gurgaon, Inde
Septembre, 2014

L'alphabet

अ

अहिंसा (*ahinsā*) – non–violence

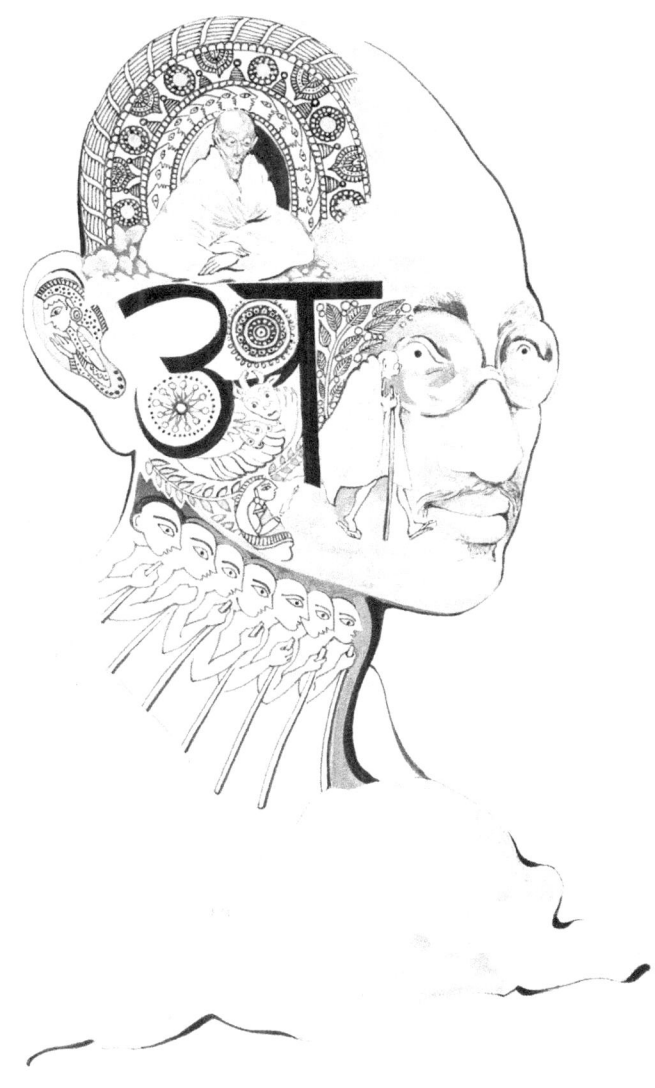

आ

आम (*ām*) – la mangue

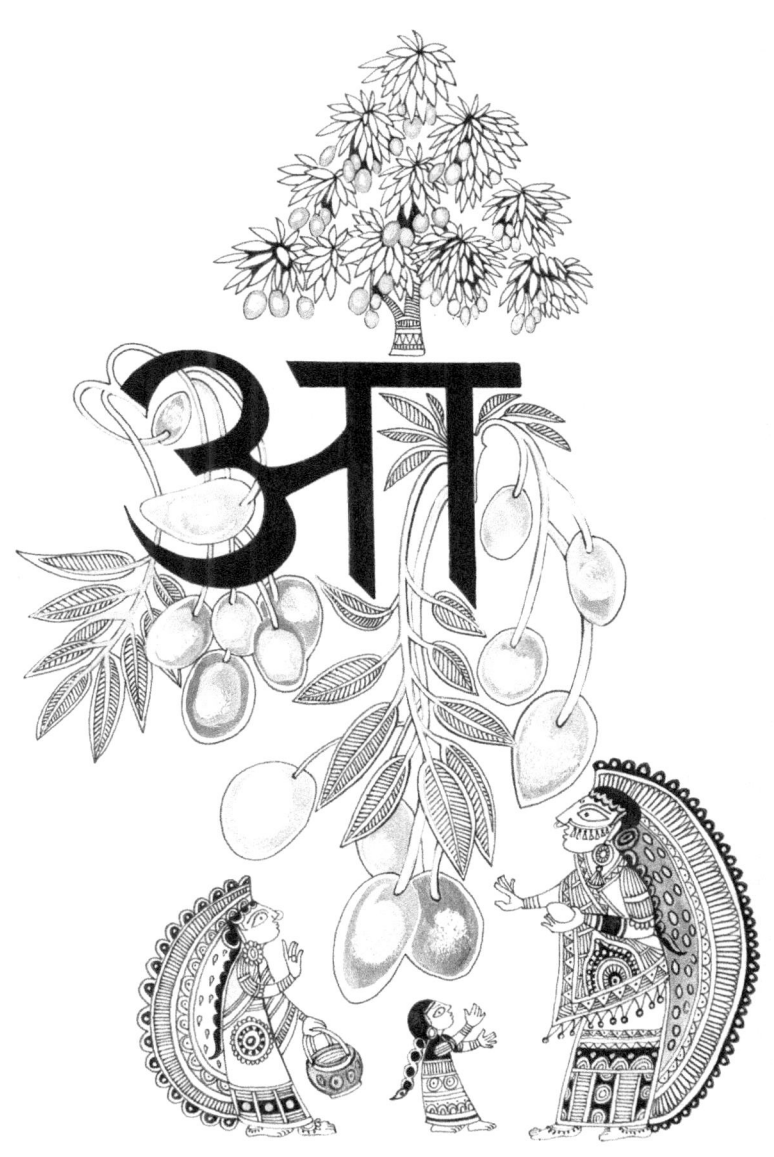

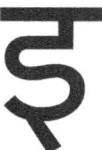

इमली (*imlī*) – le tamarin

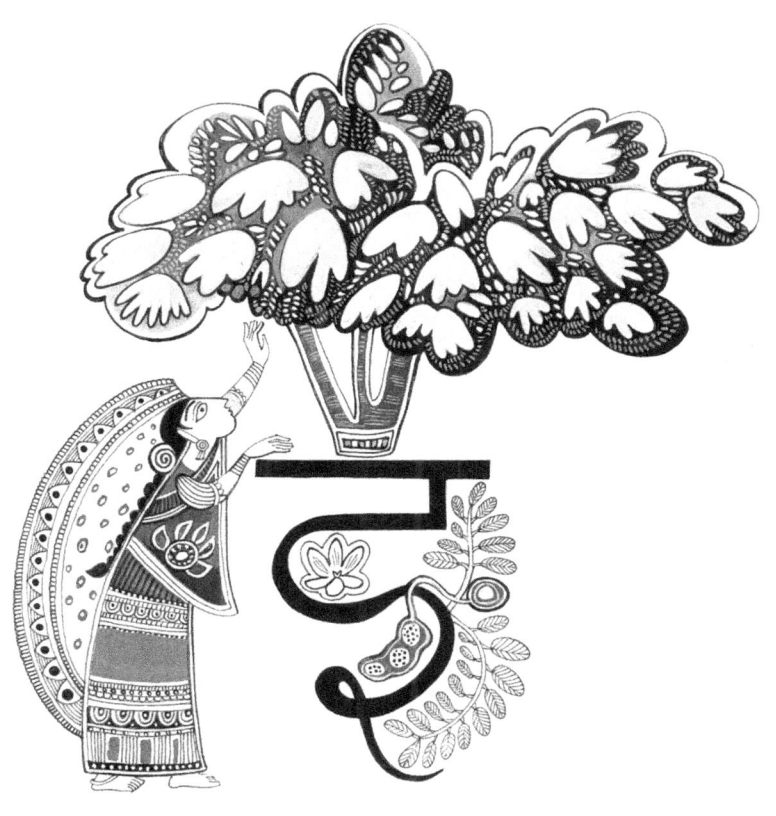

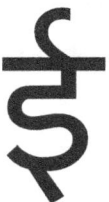

ईख (*īkh*) – la canne à sucre

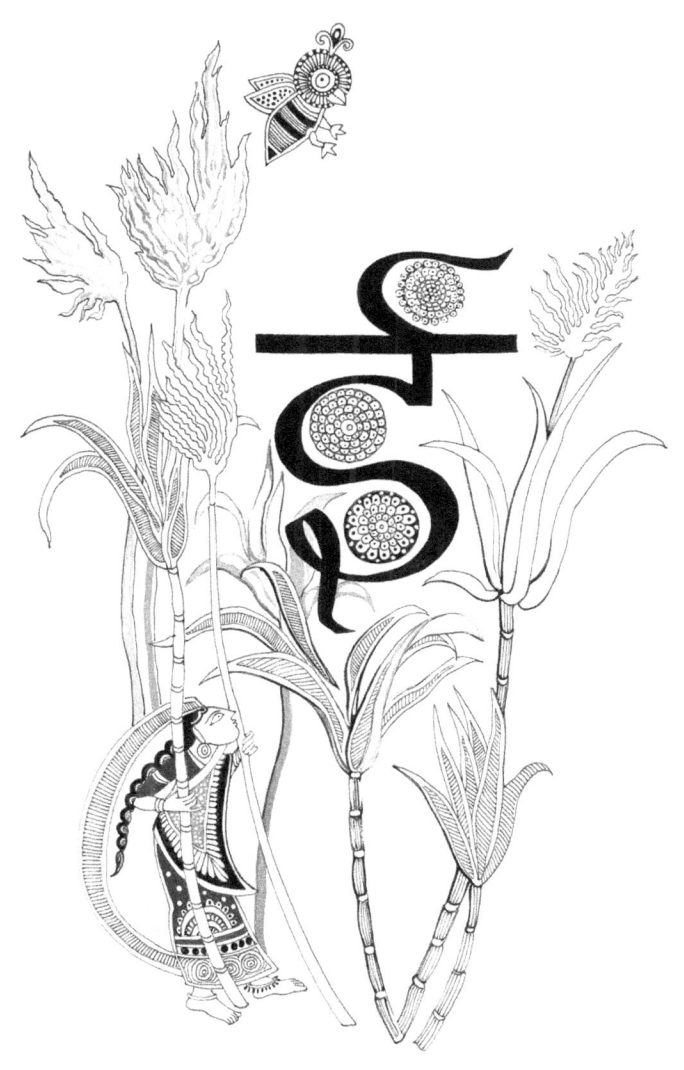

उ

उल्लू (*ullū*) – le hibou

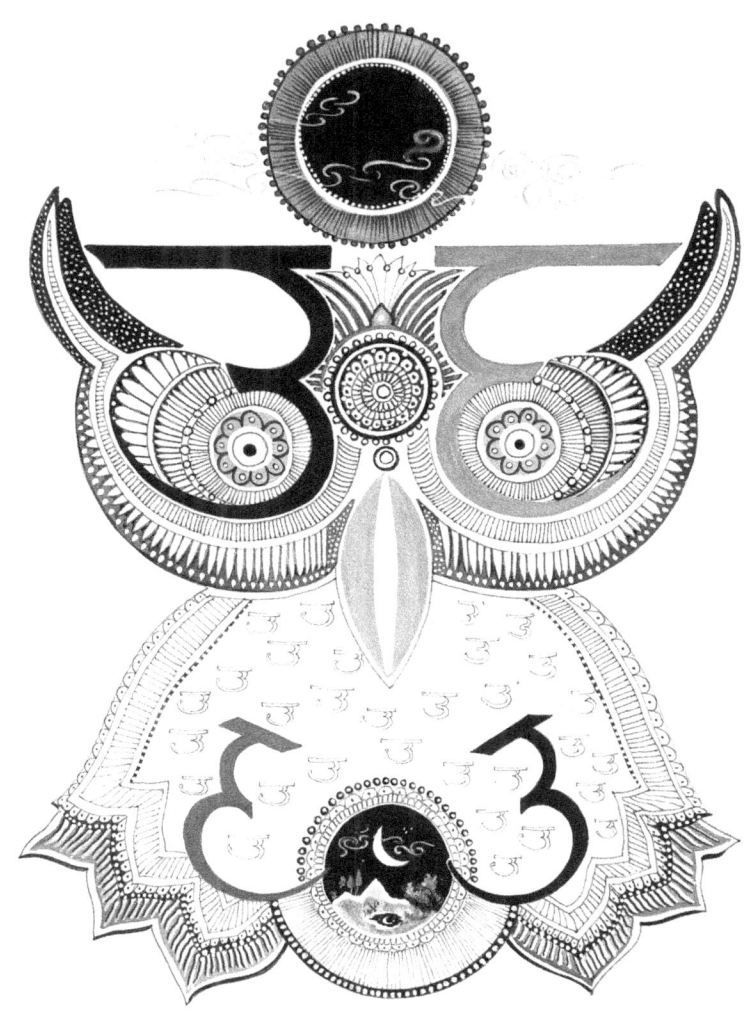

ऊ

ऊँट (ūnt) – le chameau

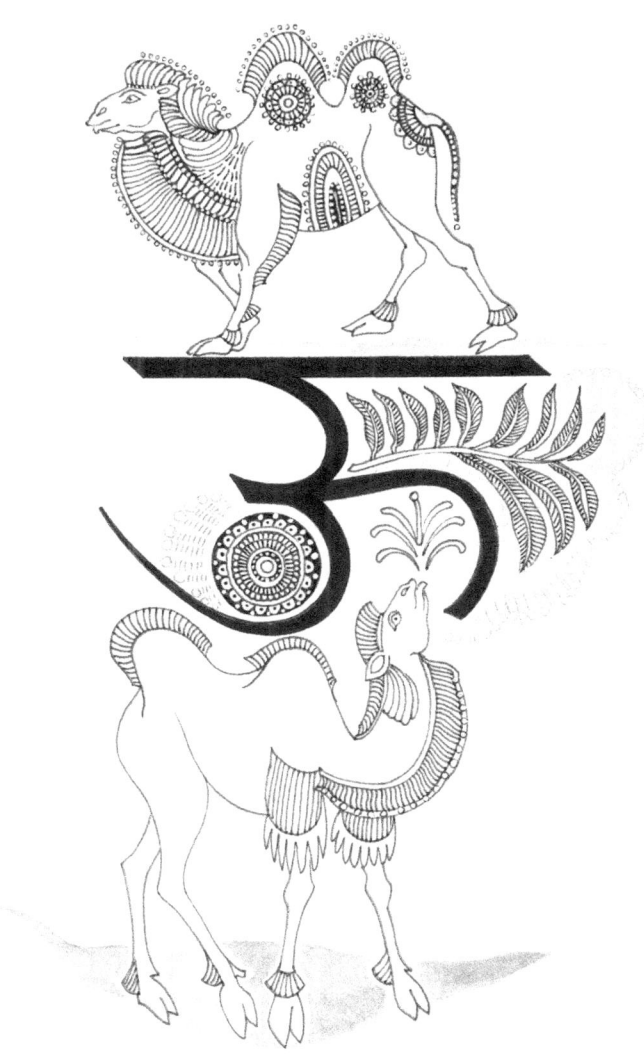

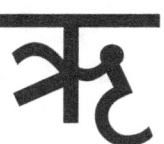

ऋषि (*ṛshi*) – le sage

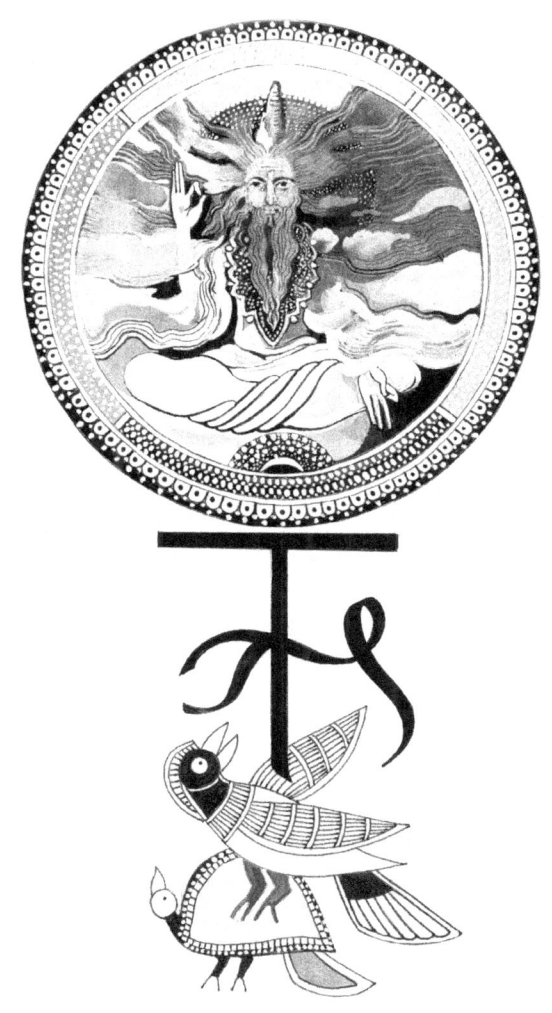

ए

एक (*ek*) – l'un
(image de l'atome)

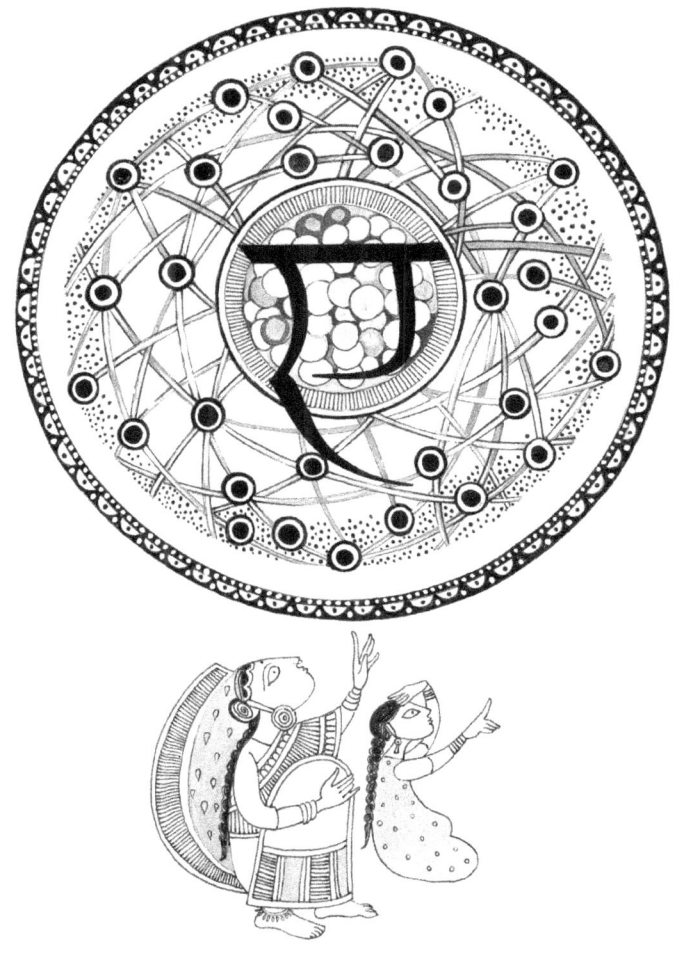

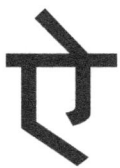

ऐरावत (*airāvat*) – Airavata

(l'éléphant mythique)

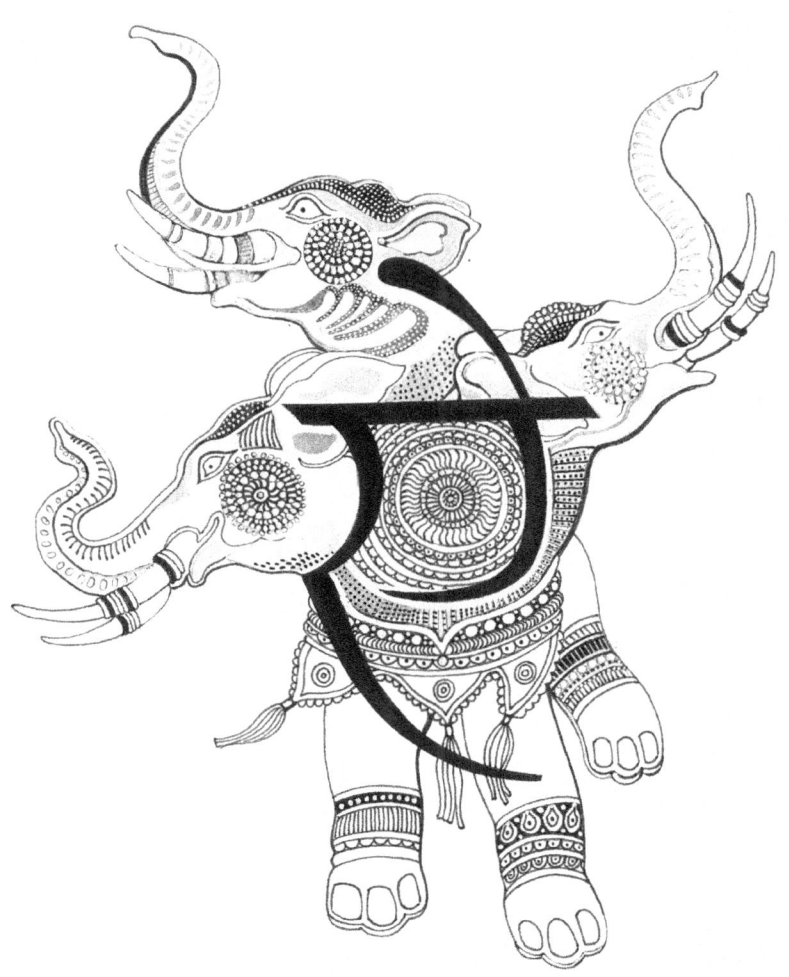

ओ

ओज (*oj*) – l'énergie, la vigueur

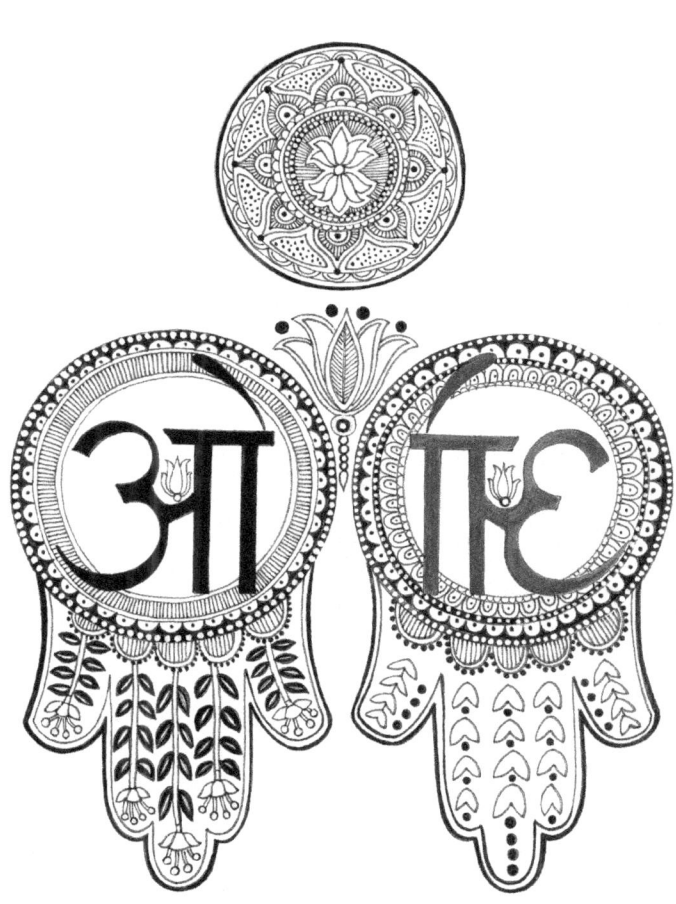

औ

औषधि (*aushadhi*) – la plante médicinale

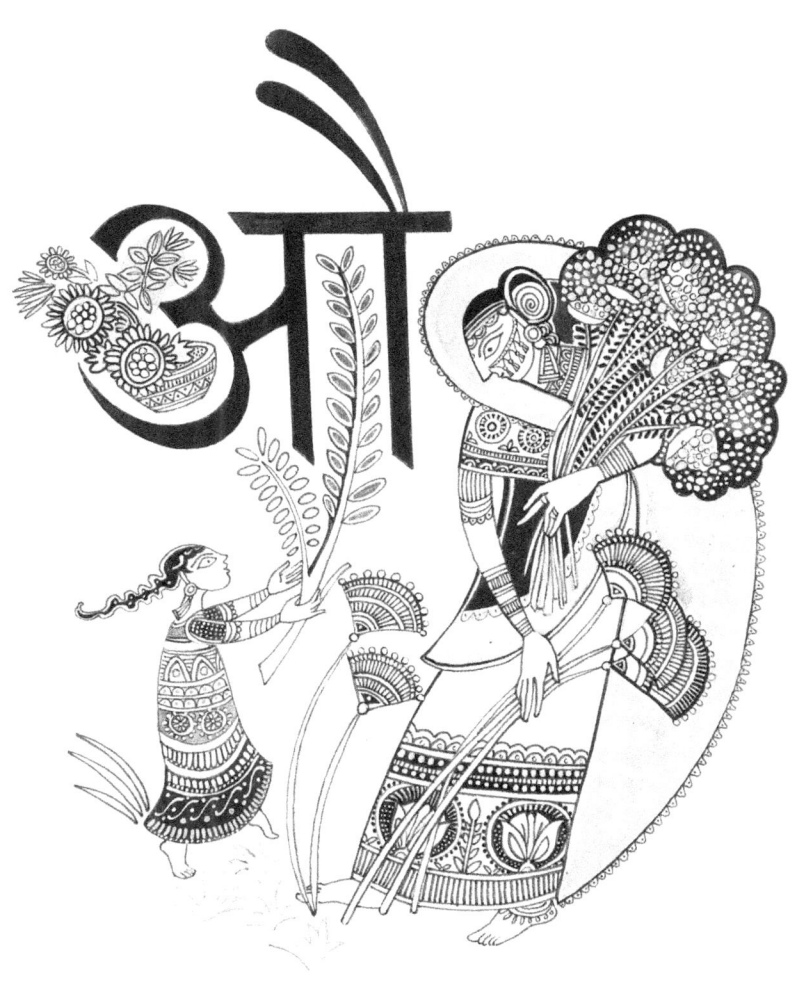

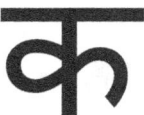

कछुआ (*kachuā*) – la tortue

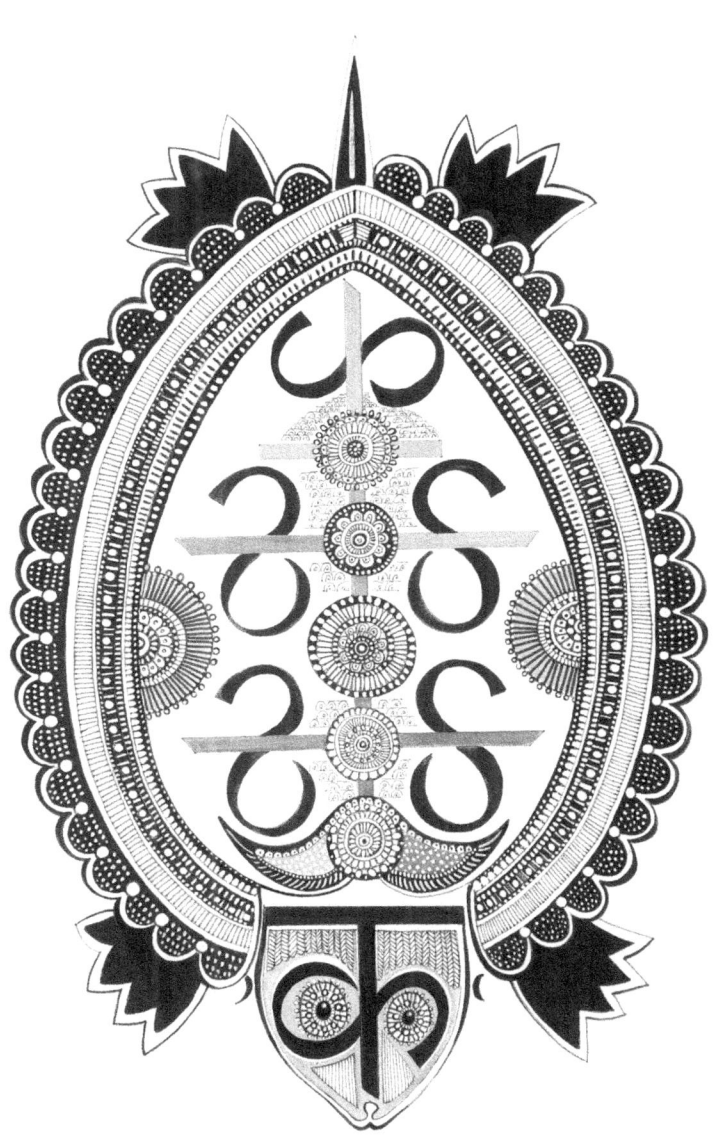

ख

खरगोश *(khargosh)* – le lapin

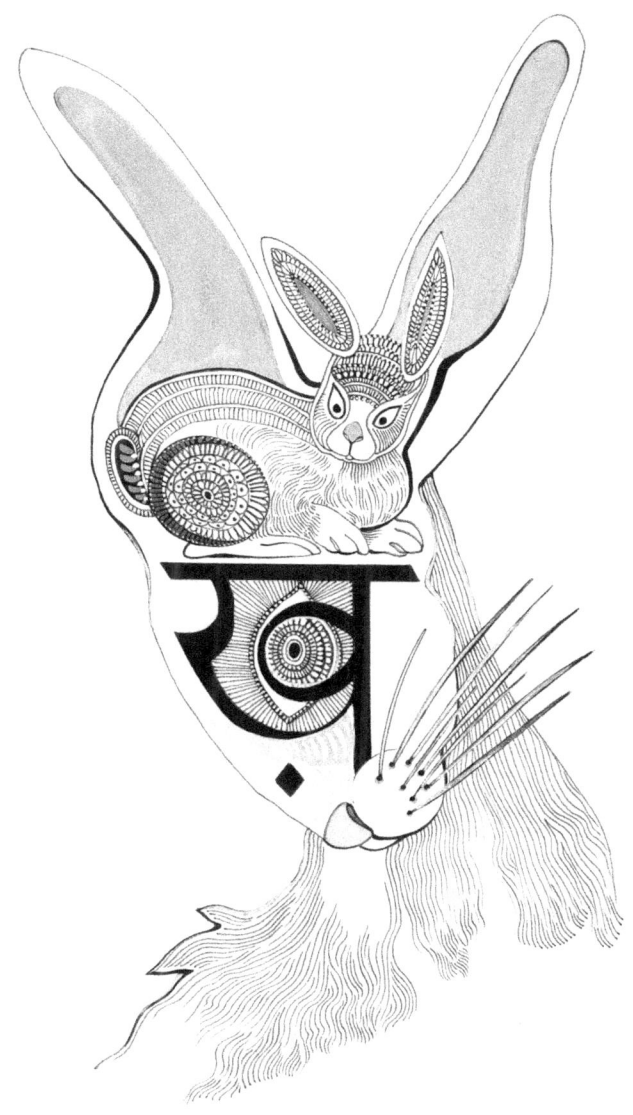

ग

गाय *(gāy)* – la vache

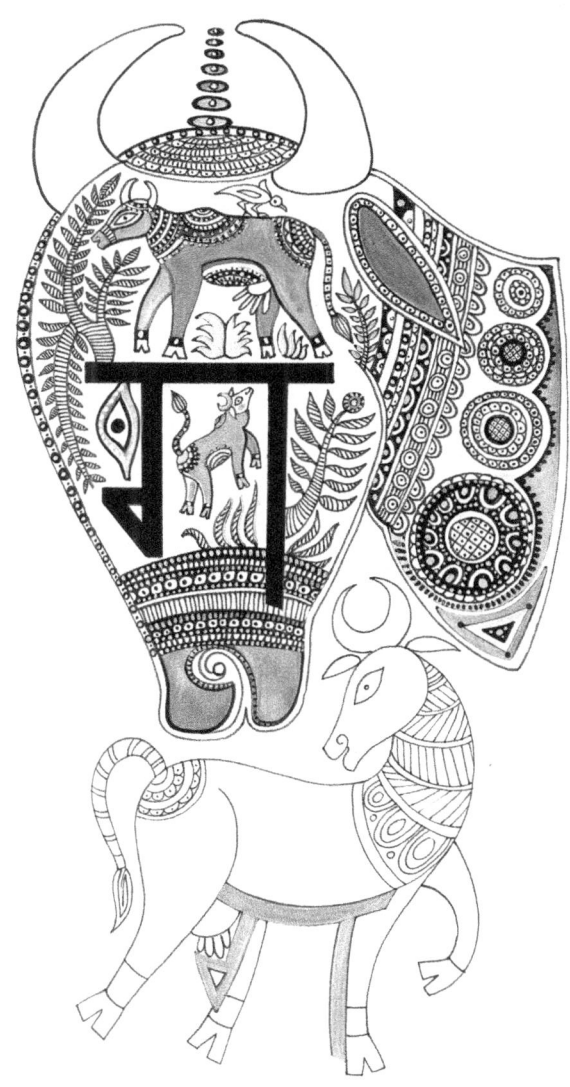

घ

घोंघा (*ghongā*) – l'escargot

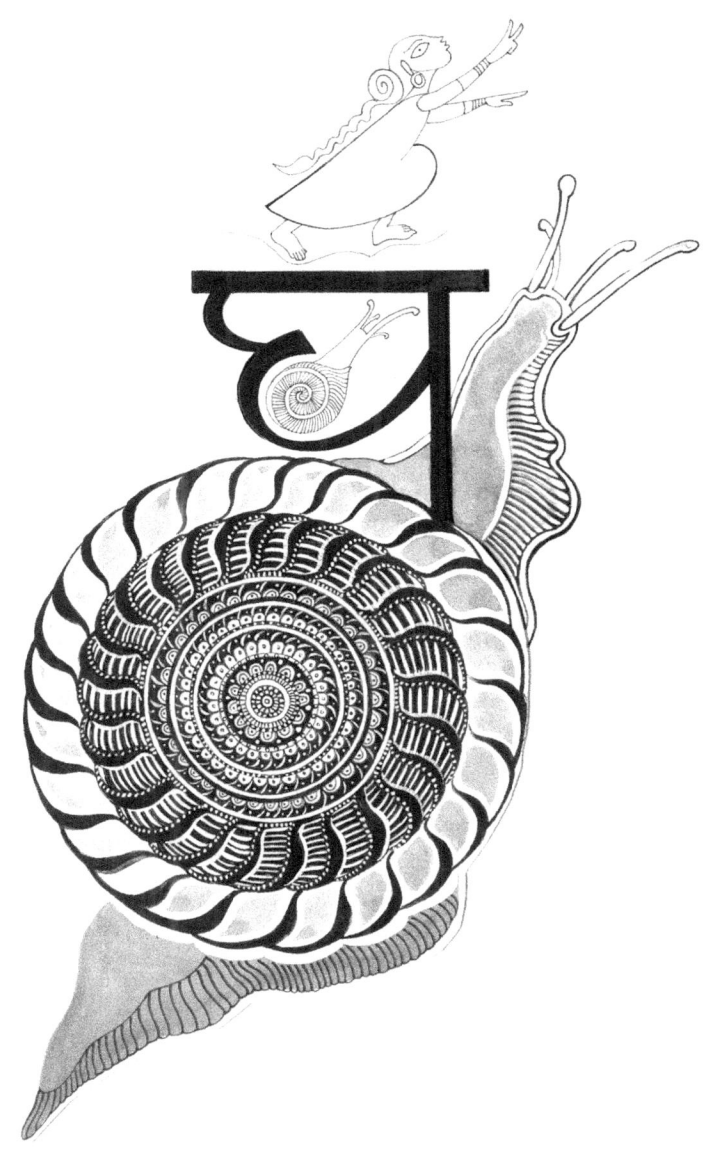

च

चूहा (*chūhā*) – la souris

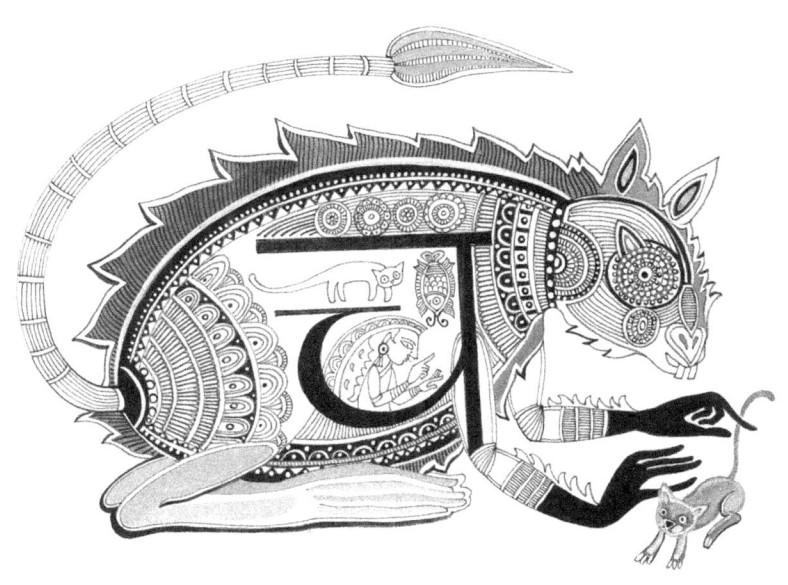

छ

छिपकली (*chipkalī*) – le lézard

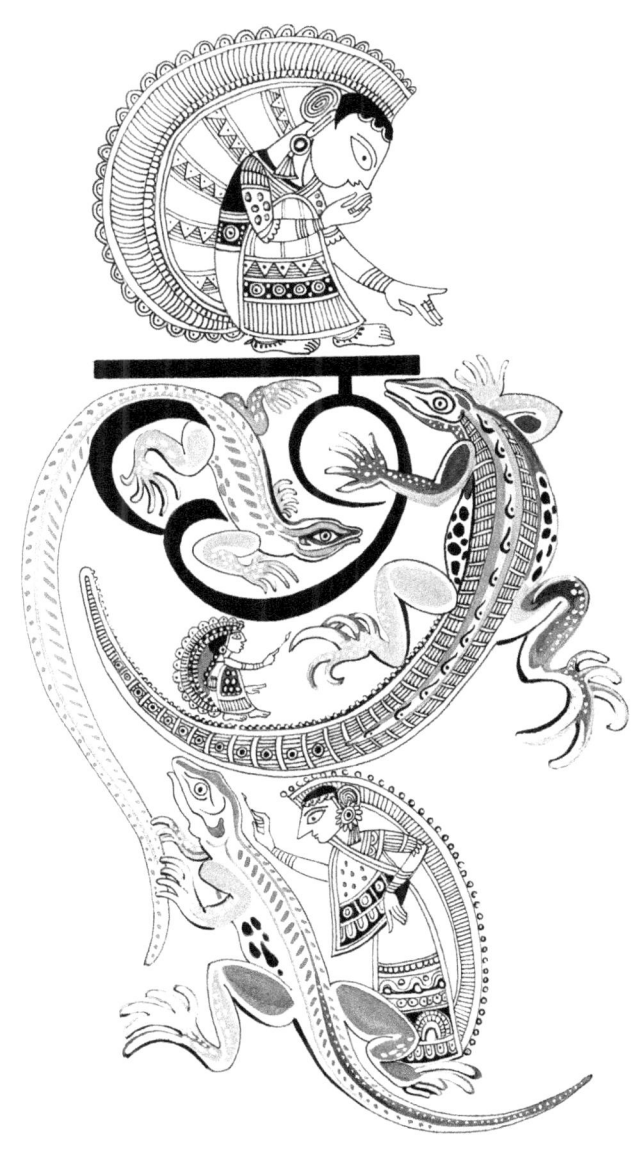

ज

जेलीफ़िश (*jelīfish*) – la méduse

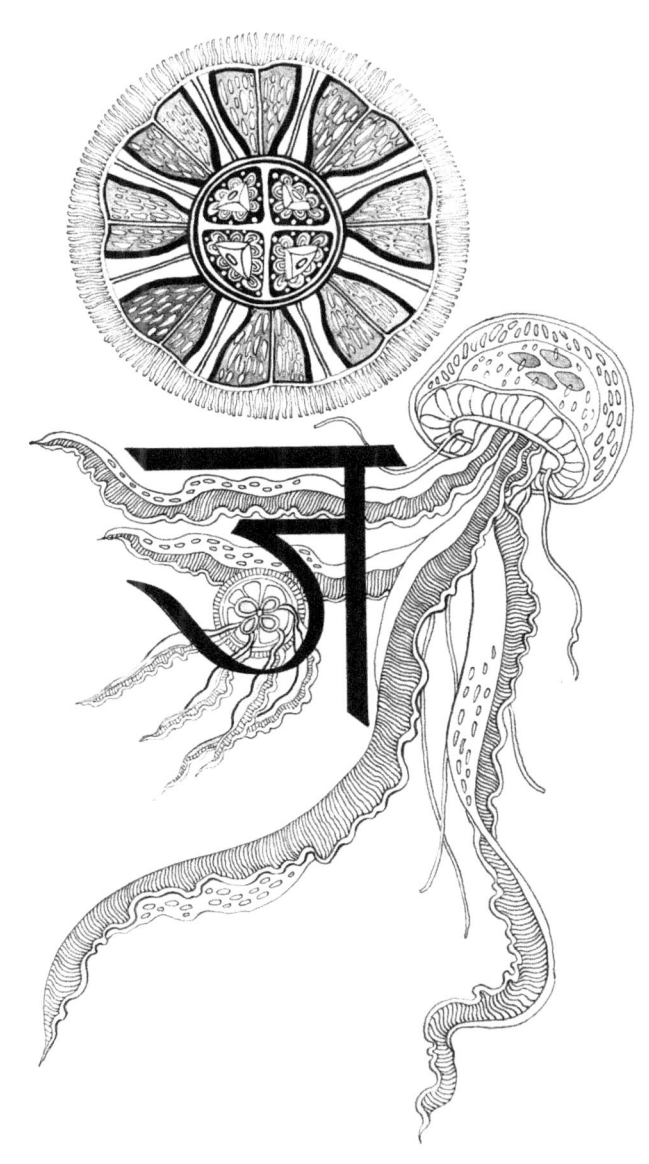

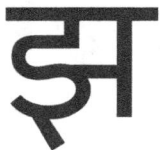

झींगा (*jhīngā*) – la crevette

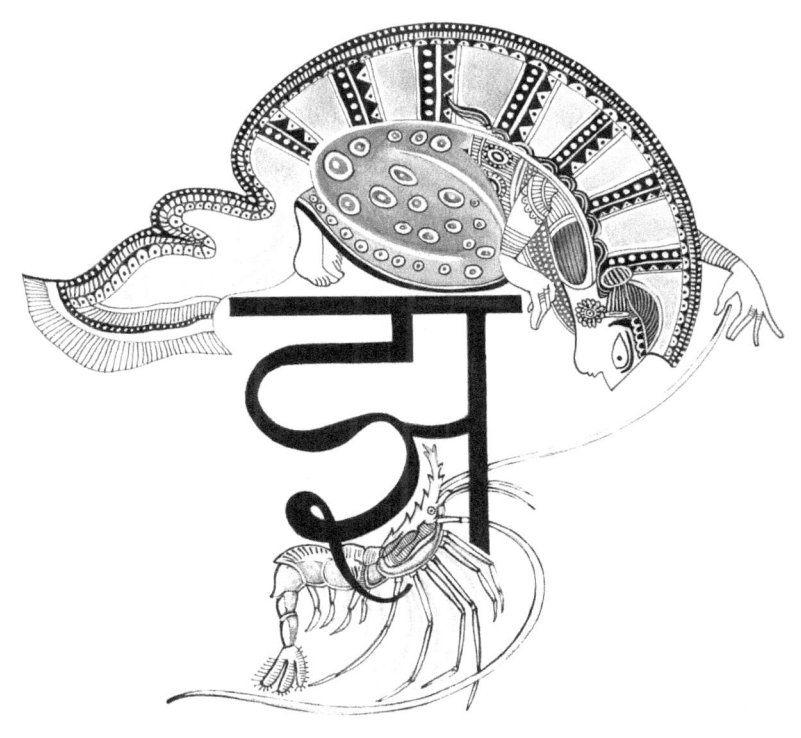

ट

टर्की (*tarkī*) – la dinde, le dindon

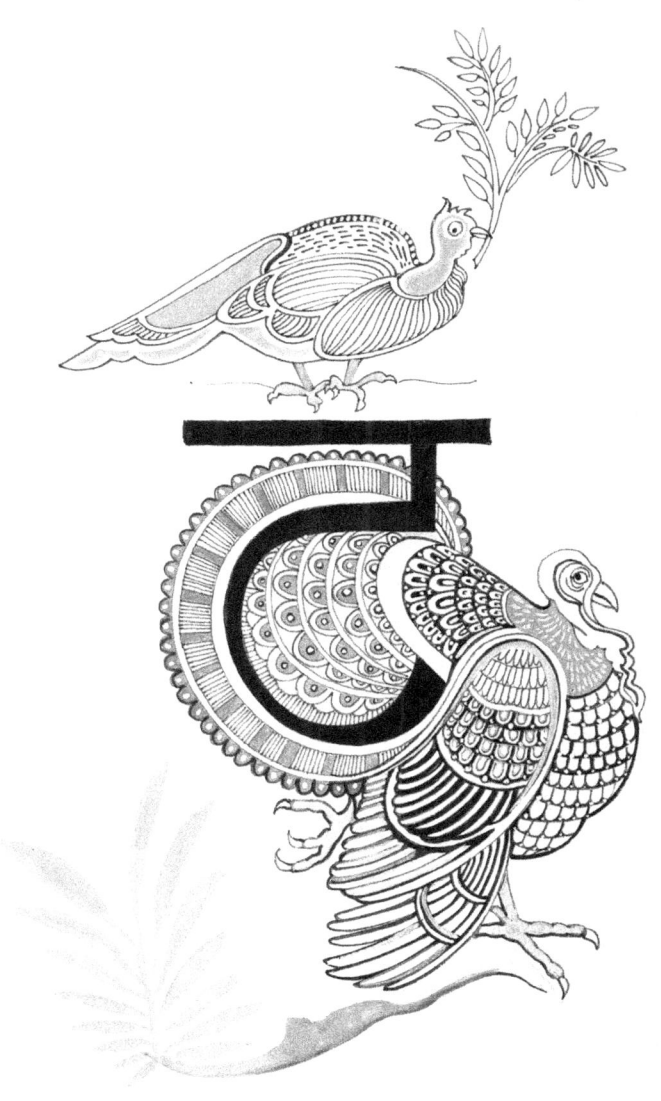

ਠ

ਠੰਡਾਈ (*thandāī*) – thandai (boisson à base
de lait servie pendant les fêtes)

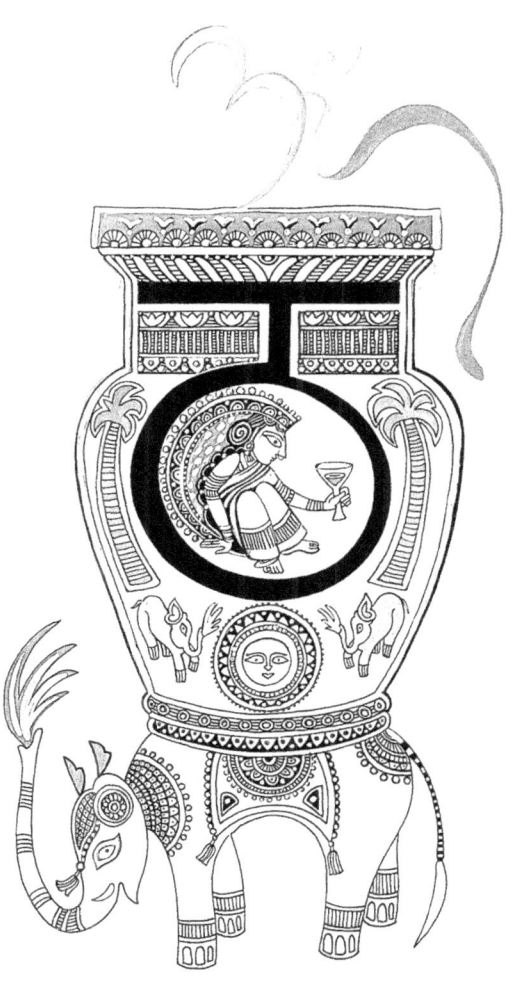

ड

डाली (*dālī*) – la branche

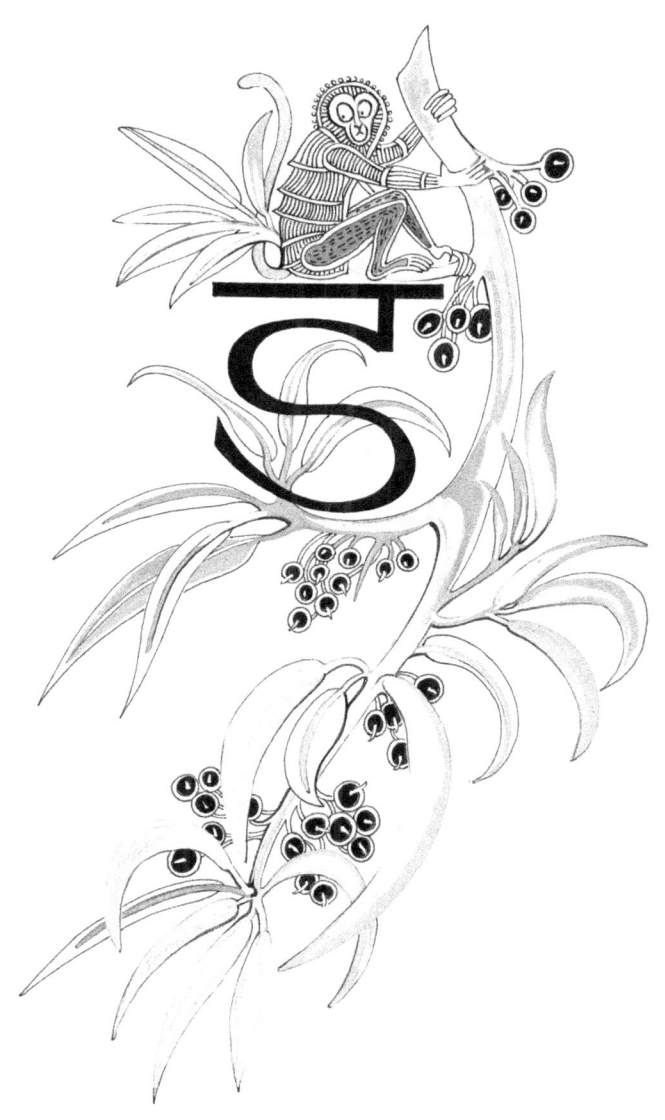

ढ

ढलकना (*dhalaknā*) – couler (les larmes coulent
chez la femme enceinte qui sait la mort inéluctable:
sous ses pieds, le buffle de Yama,
dieu de la mort)

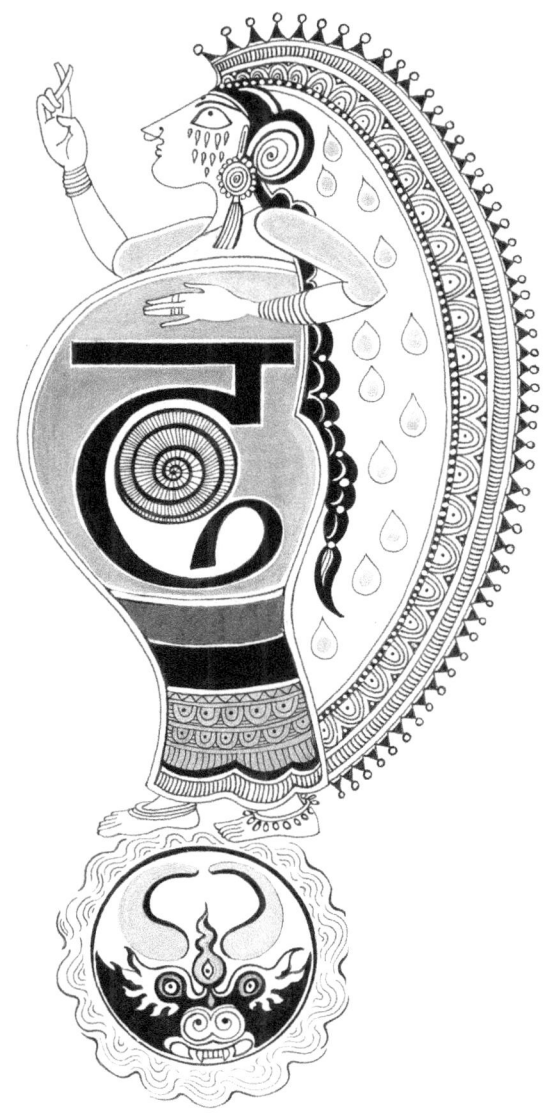

ण

ण *(ṇ)* – Ganesh
(deuxième lettre du nom de Ganesh)

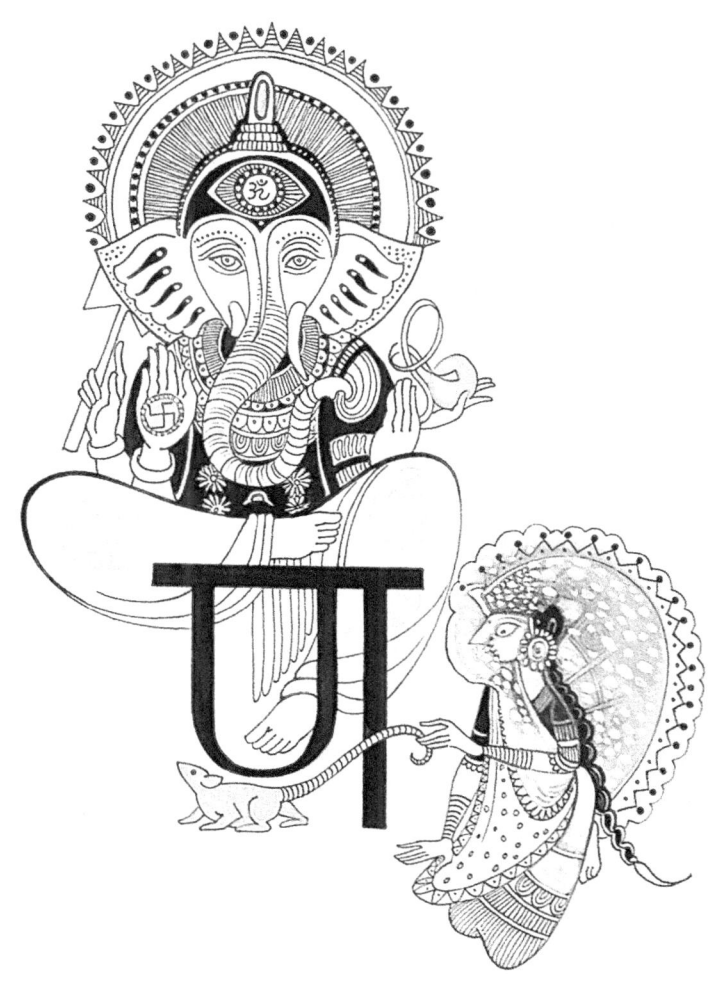

त

तितली (*titlī*) – le papillon

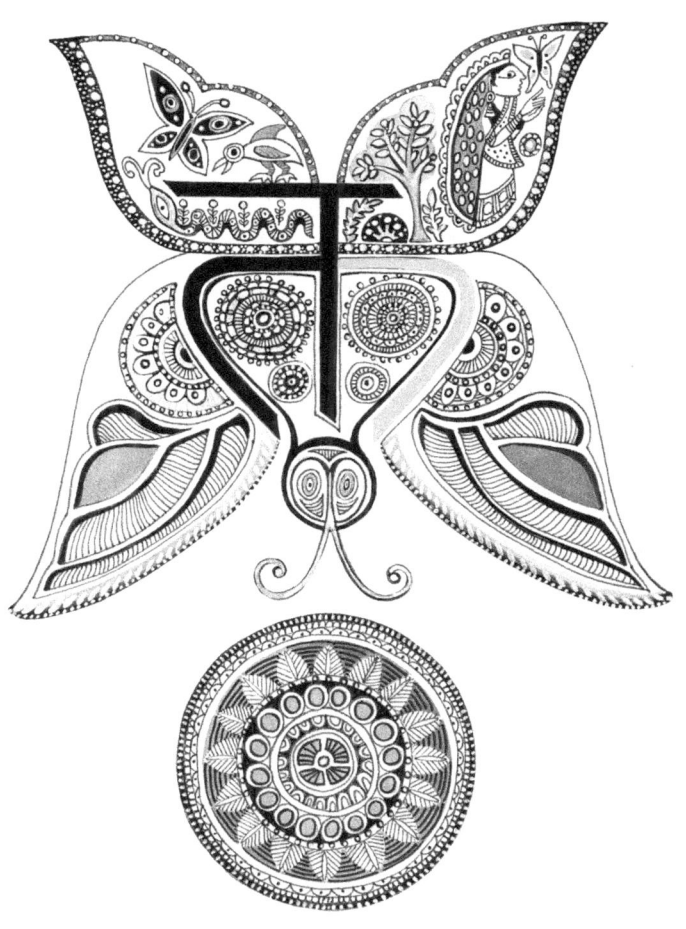

थ

थिरकना (*thiraknā*) – la vibration

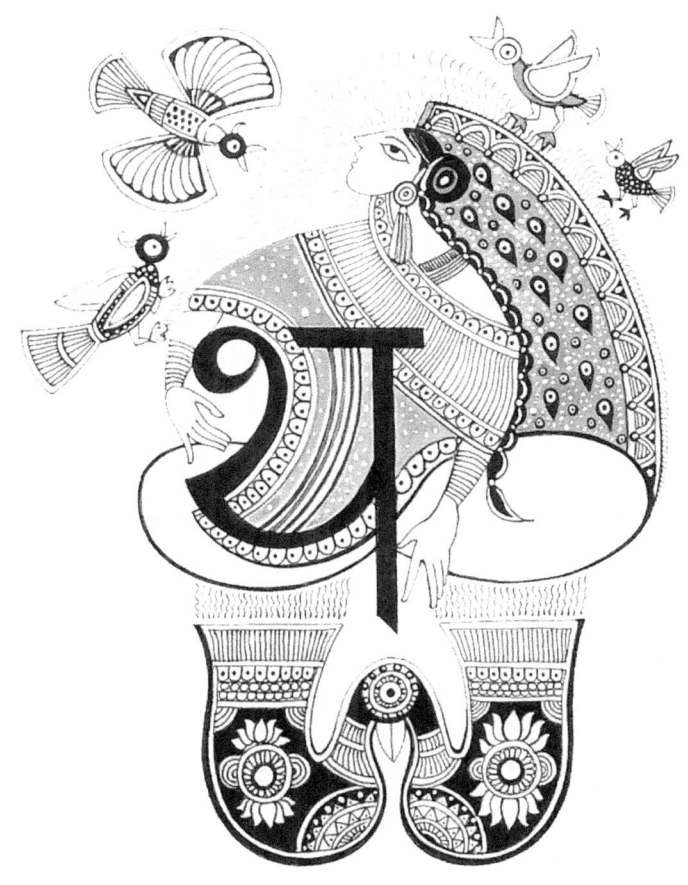

द

दीमक (*dīmak*) – le termite

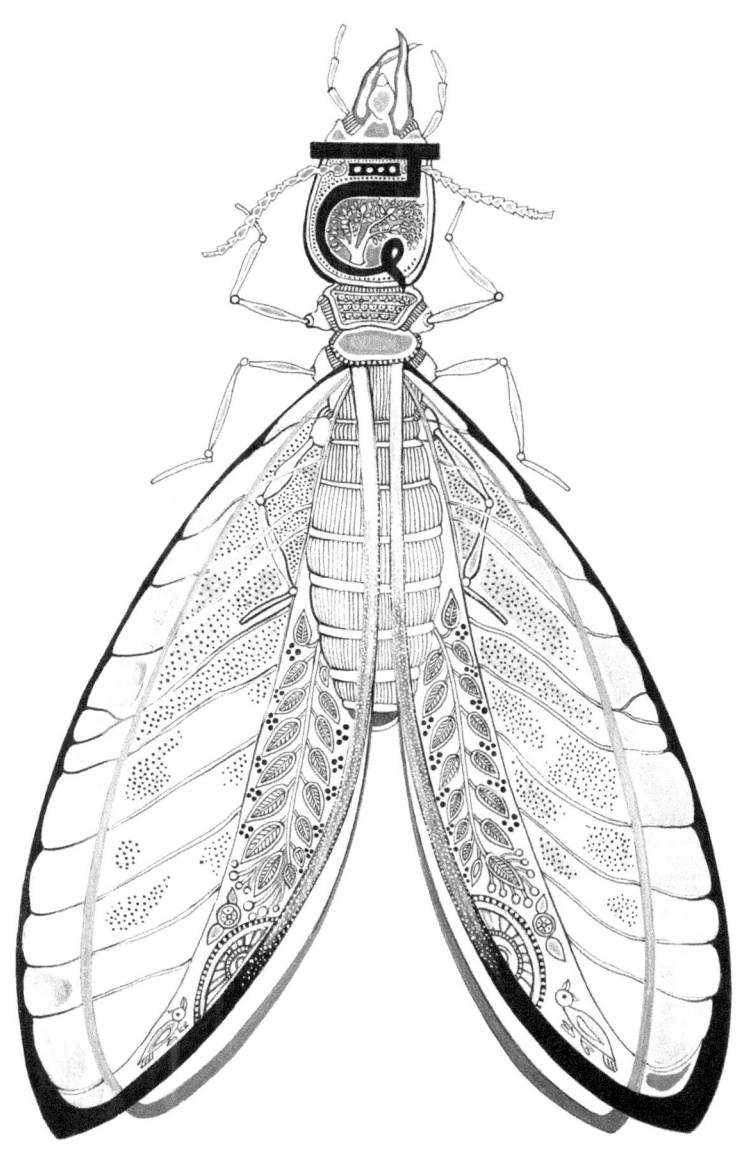

ध

धरती (*dhartī*) – la Terre

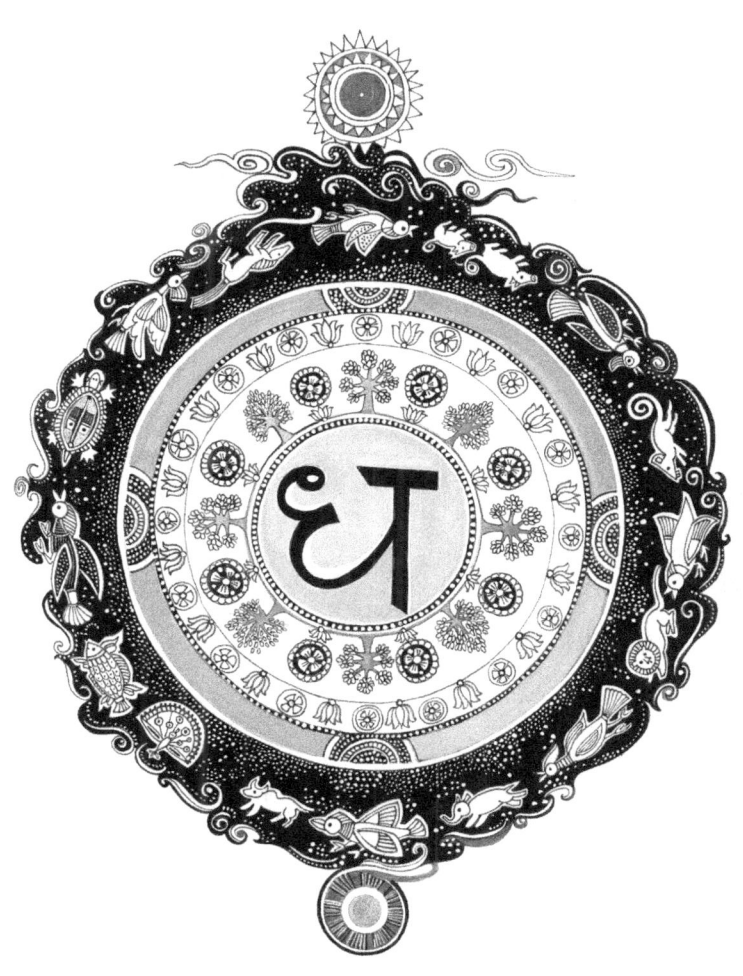

न

न्यग्रोध (*nyagrodh*) – le banian

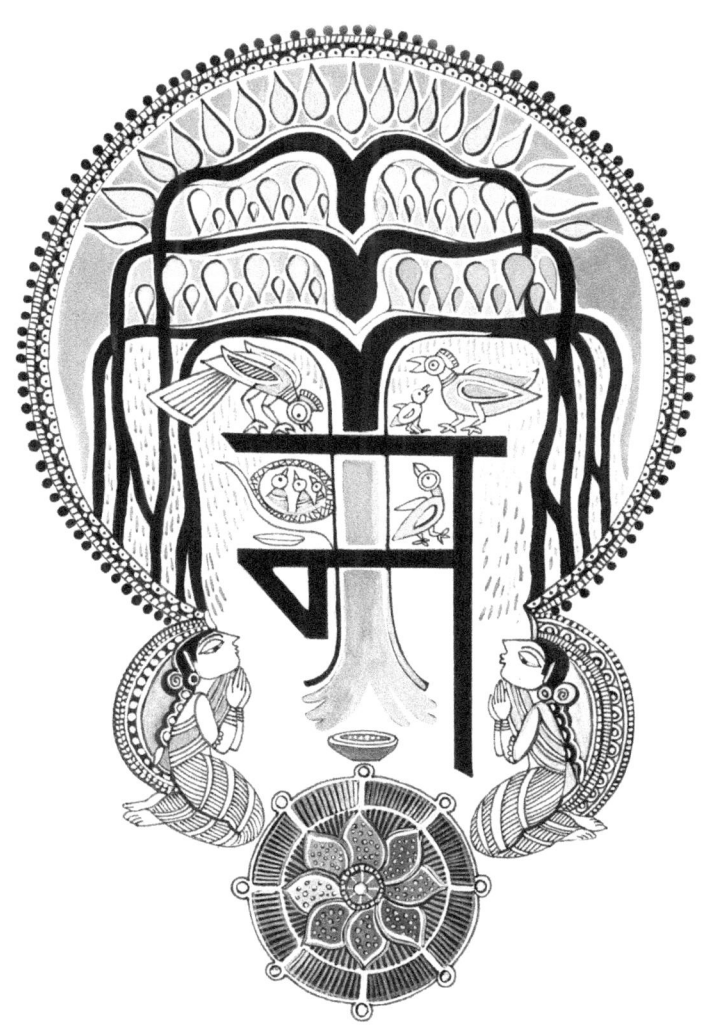

प

पक्षी (*pakshī*) – l'oiseau

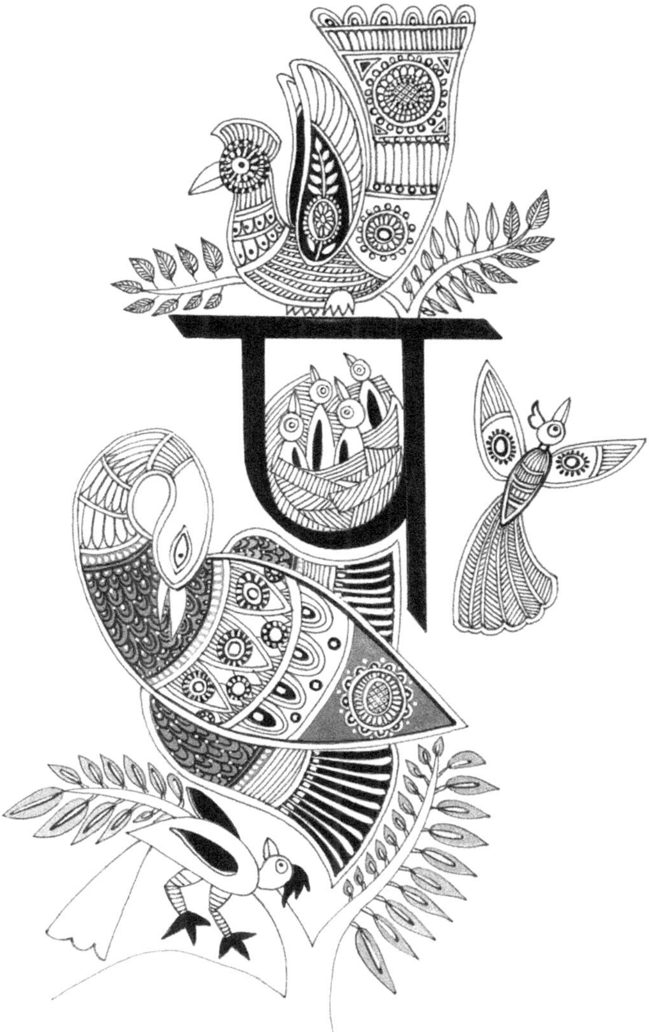

फ

फूल (*phūl*) – la fleur

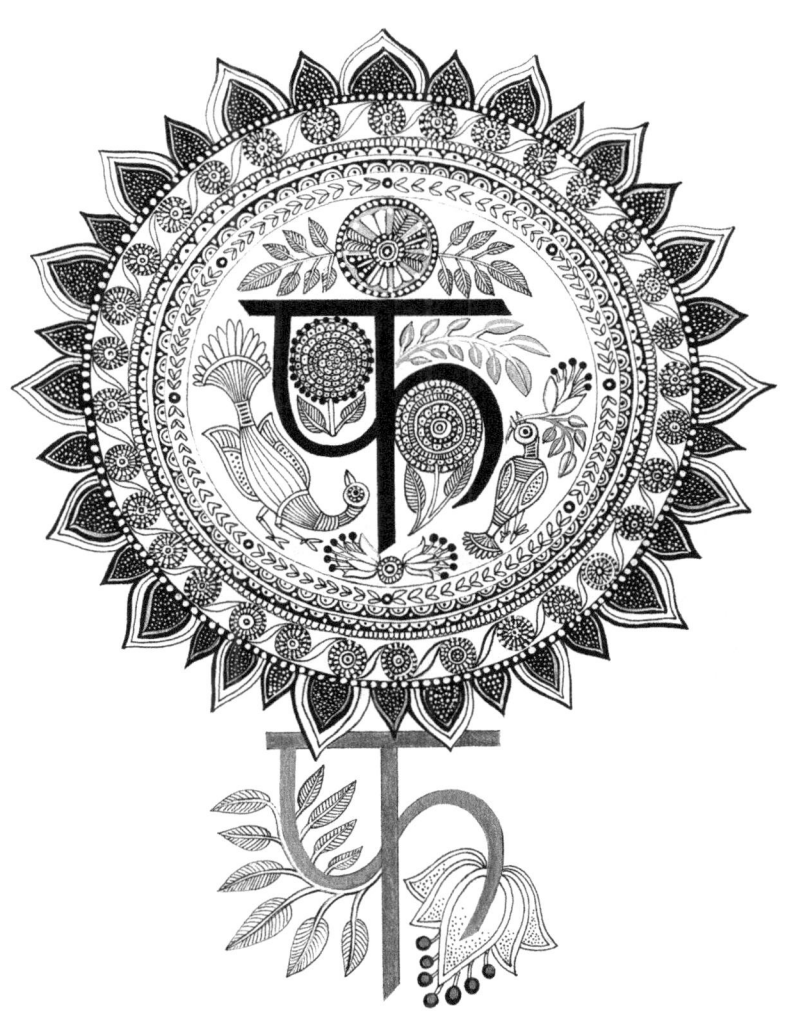

ब

बाज (*bāj*) – l'aigle

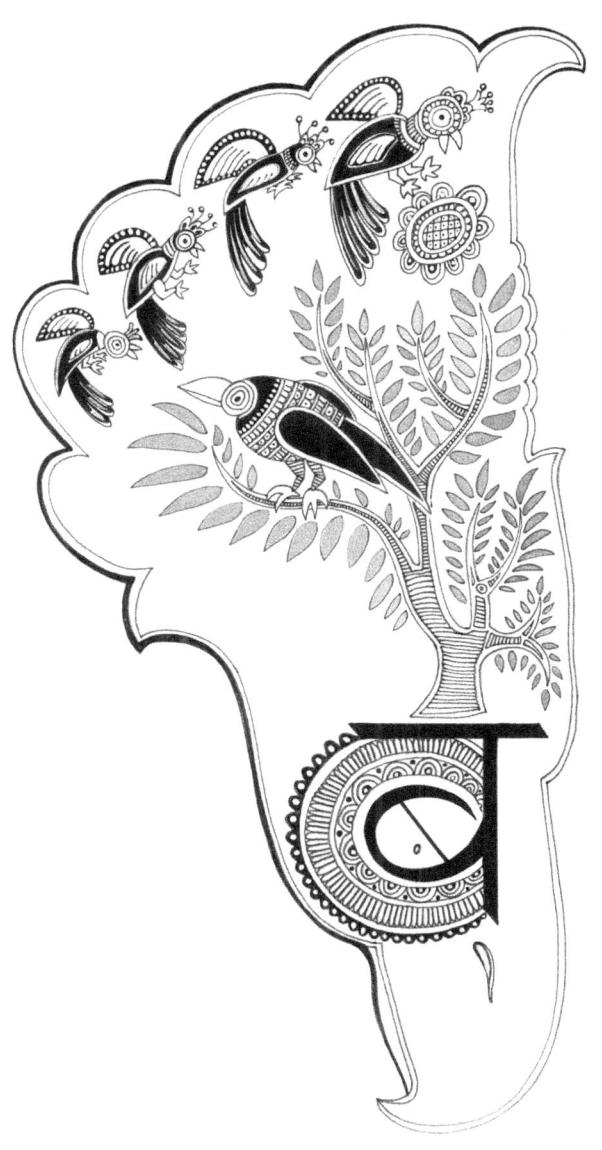

भ

भालू *(bhālū)* – l'ours

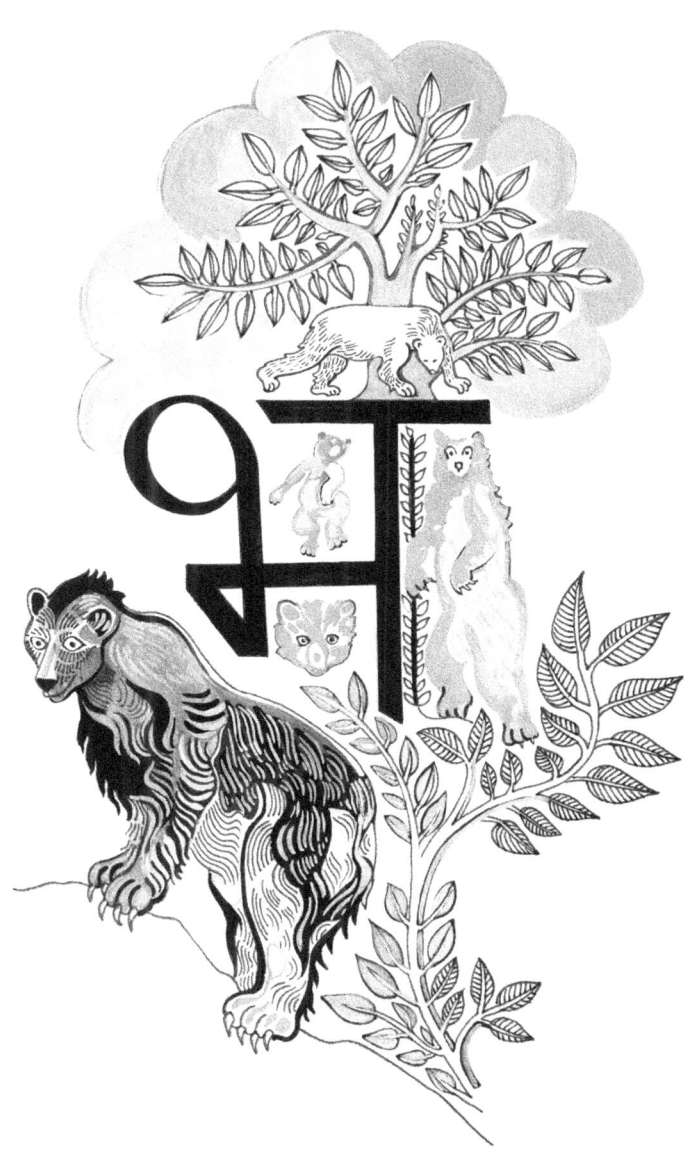

म

मछली (*machalī*) – le poisson

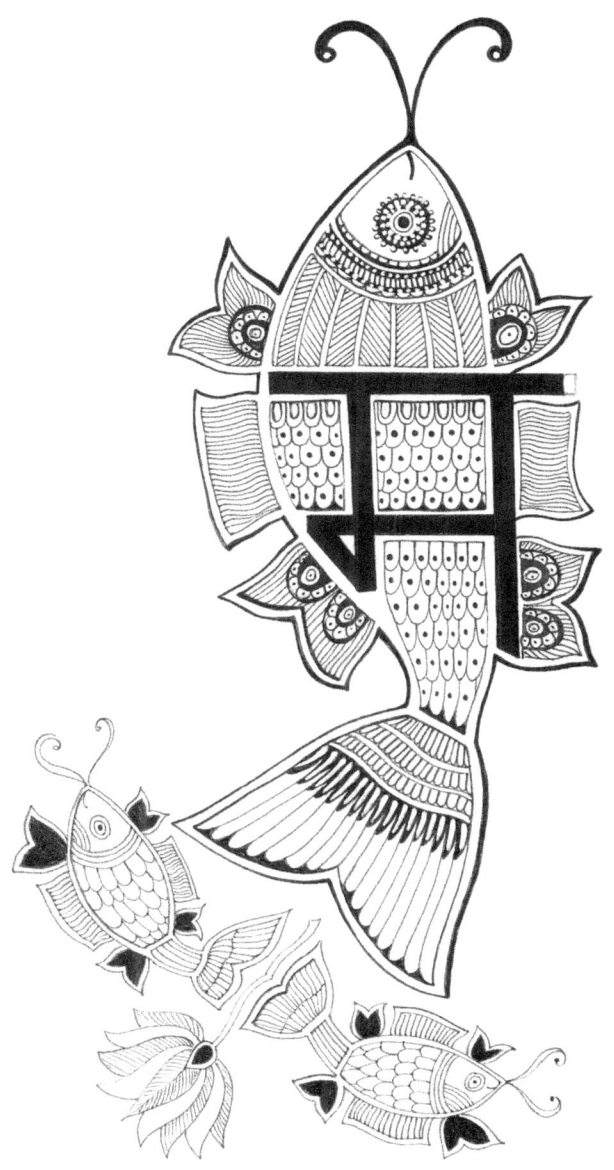

य

युग (*yug*) – l'ère, la période

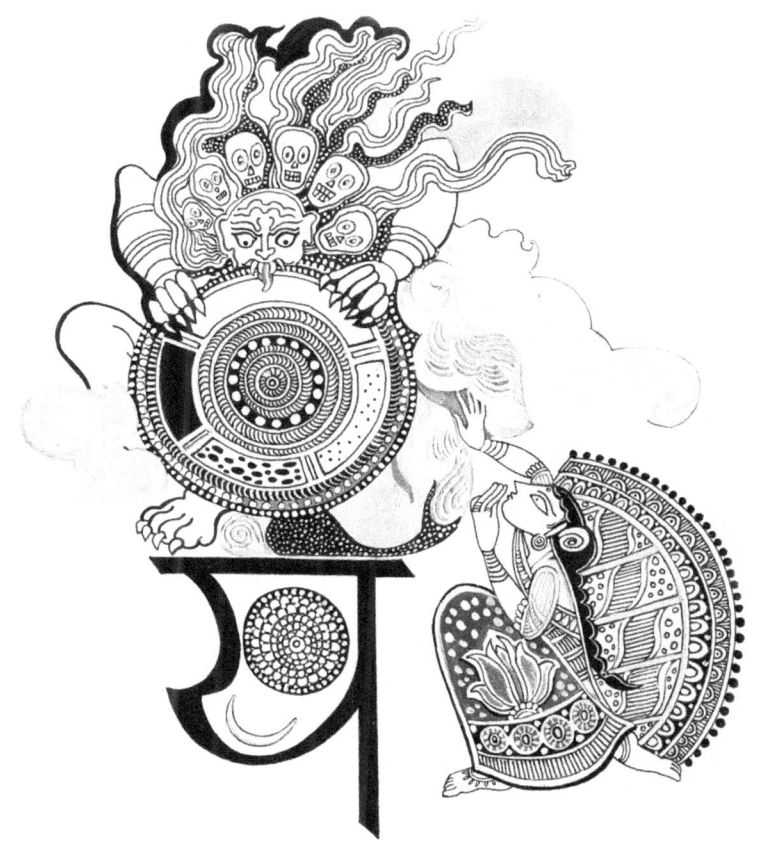

र

रेशम कीड़ा *(resham kīḍā)* – le ver à soie

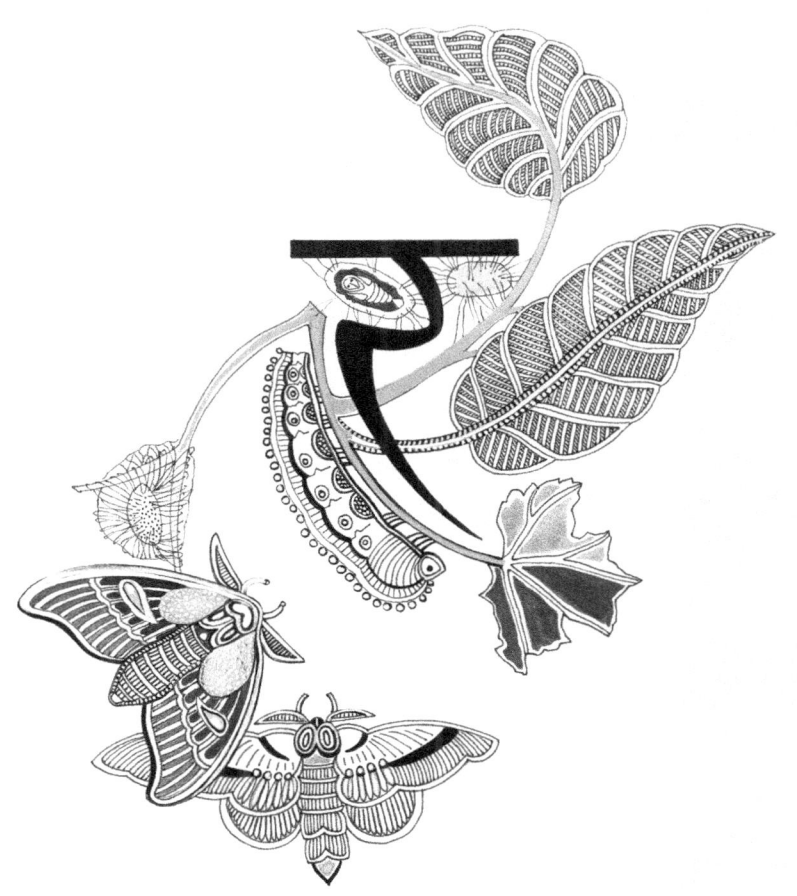

ल

लाइलेक (*lāilek*) – le lilas

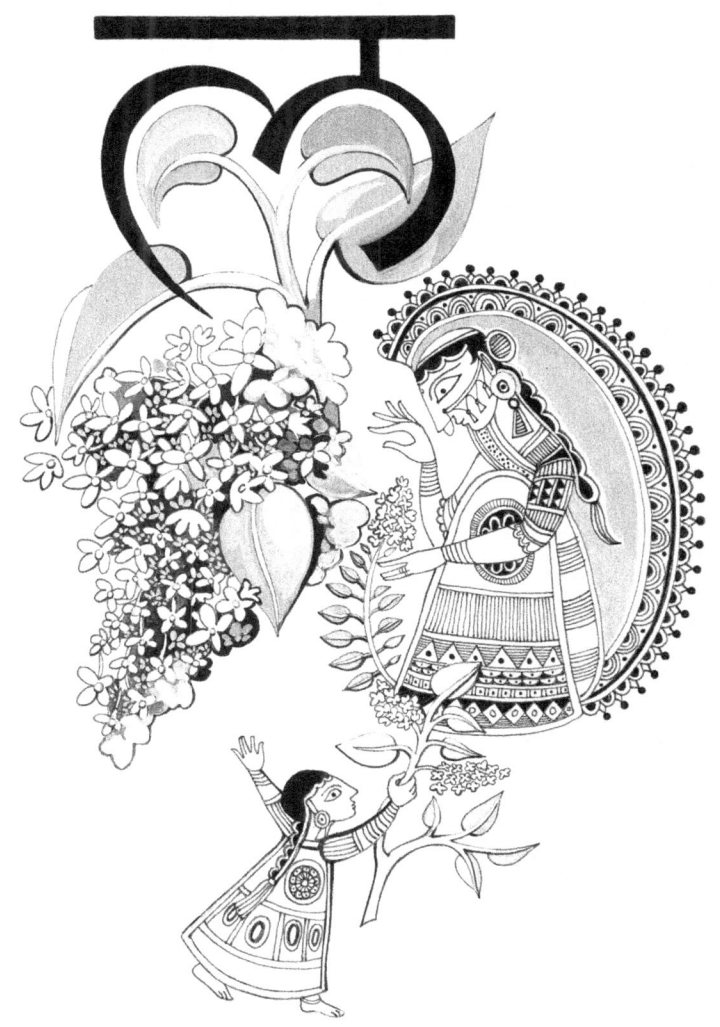

व

वराह (*varāha*) – Varâha (le sanglier,
troisième avatar de Vishnou)

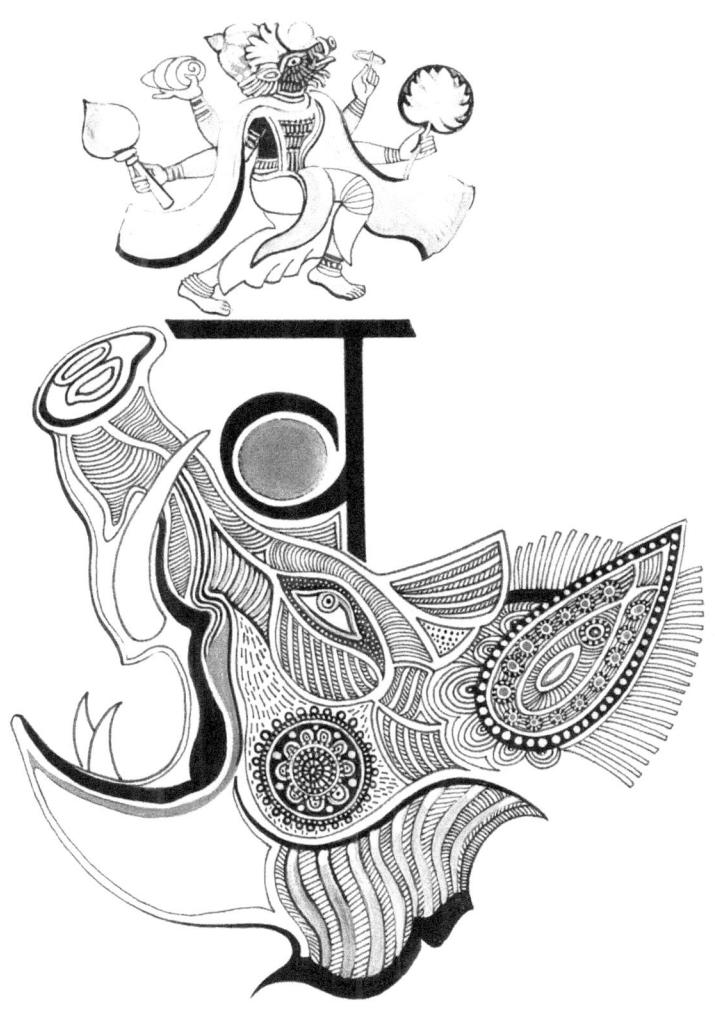

श

शेर (*sher*) – le tigre

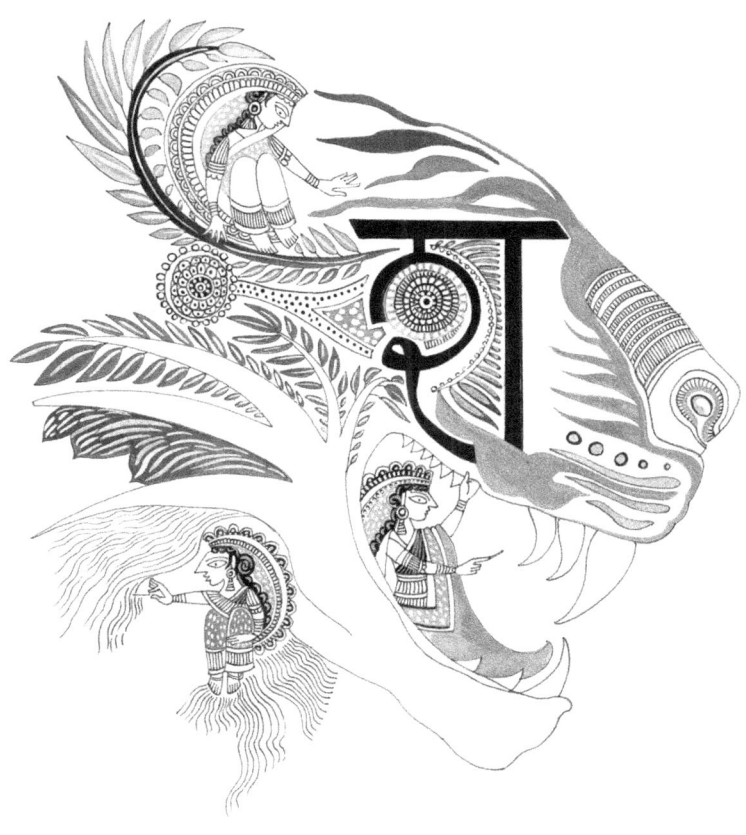

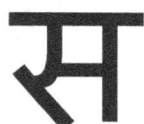

सांप (*sānp*) – le serpent

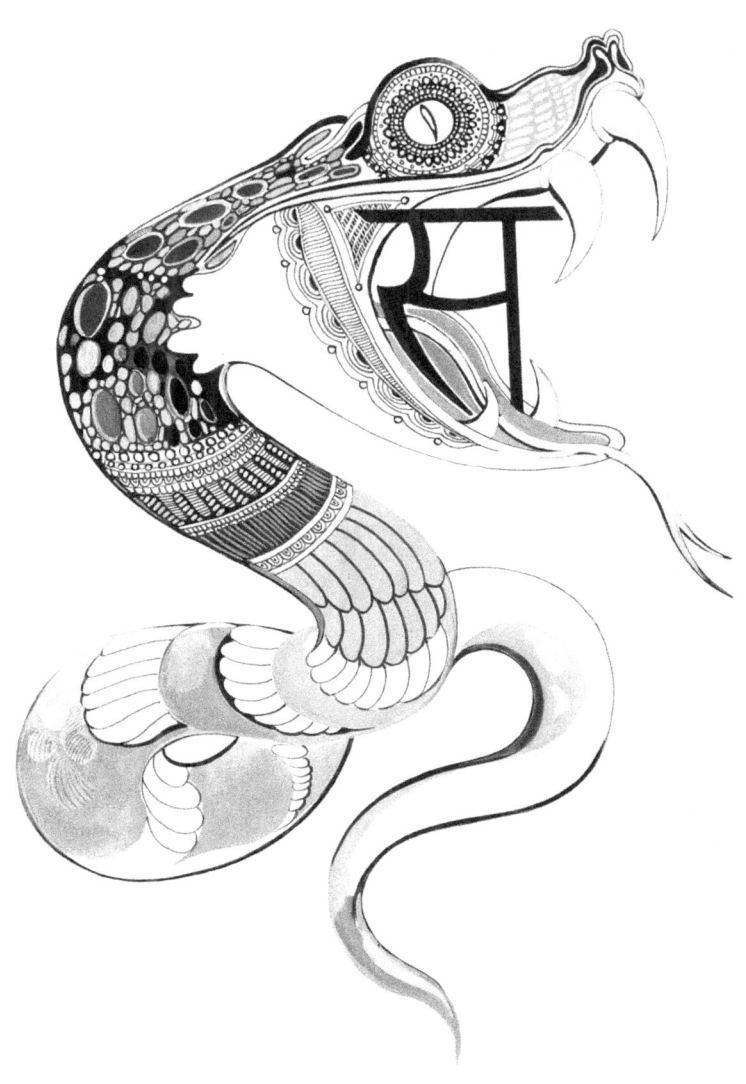

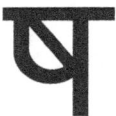

षड्यंत्र (*shadyantra*) – la conspiration

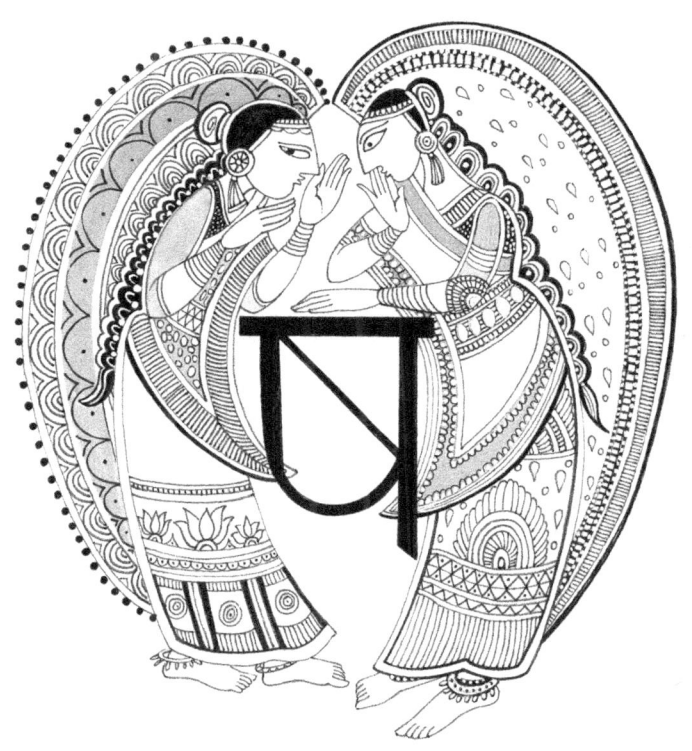

ह

हाथी (*hāthī*) – l'éléphant

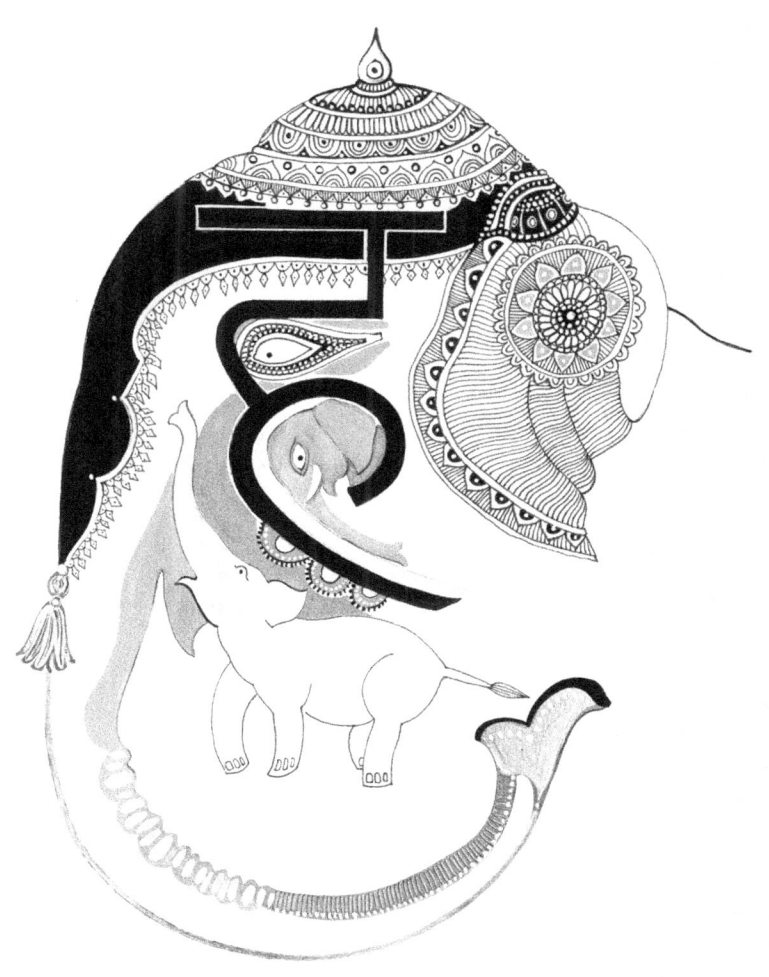

*Dédié à l'Institut de l'Art du Mithila à Madhubani,
Etat du Bihar en Inde, pour son encouragement,
son soutien et sa promotion de l'Art du Mithila
et de ses artistes.*

*Martine Le Coz
Amboise, France
2014*